AF338478

PRINCE JOSEPH LUBOMIRSKI

AUX ADVERSAIRES

DE LA LÉGITIMITÉ

PRIX : 50 CENTIMES

PARIS

LACHAUD et BURDIN

LIBRAIRES-ÉDITEURS

4, PLACE DU THÉATRE-FRANÇAIS, 4

1873

AUX

ADVERSAIRES

DE LA LÉGITIMITÉ

I. — CEUX QUI ONT PEUR

Le plus grand nombre des adversaires de la monarchie légitime professent la doctrine suivante :

La restauration de Henri V, disent-ils, sera le signal du retour à l'ancien ordre de choses, c'est-à-dire au pouvoir absolu, à la dime, à l'inquisition, aux persécutions religieuses, aux jésuites et aux moines, avec leur cortége de processions! Cela commence déjà, d'ailleurs, rien qu'en vue de la possibilité du règne des Bourbons! Cela commence! Mais qui a commencé cela? Est-ce un vote de la Chambre, ou bien un ordre venu de Frohsdorff, transformé en circulaire du ministre de l'intérieur, membre de la majorité royaliste, et par conséquent docile à ses inspirations? Non ! c'est un mouvement spontané d'une partie de la population française.

Quatre-vingts années d'impiété, de mépris des choses saintes et respectables, ont conduit la France à travers tous les champs de l'Europe à Sedan, à l'incendie et à la chute! L'opinion publique, lasse d'exaltation inutile, suite d'idées malsaines et impolitiques, est revenue à la raison et à la seule et unique idée sociale praticable, l'idée chrétienne. Les processions ne sont après tout que des manifestations conservatrices, comme les enterrements civils sont des manifestations radicales; ceux-là mêmes qui, en 1869, les avaient tournées en dérision, se découvrent quand elles passent!

Ce sont des protestations contre le pillage, l'assassinat et l'incendie, faites avec l'intention de reposer la vue des peuples, qui, pendant trois ans, n'ont assisté qu'à des scènes de meurtre.

Ainsi qu'un homme s'adresse à Dieu à l'heure terrible, alors que la veille il semblait avoir oublié son existence, ainsi la France, qui est à son heure terrible, se souvient tout à coup de Celui qui l'avait protégée pendant quatorze siècles, et les bons Français prient Dieu !

Les processions ne sont nullement la conséquence d'une restauration ; bien au contraire, une restauration pourra en être la conséquence.

L'étalage d'un luxe exclusivement réservé à l'immoralité ;
Sedan, Metz, la Commune, après avoir abaissé la France,
lui font regretter amèrement ceux qui jadis l'avaient faite
grande et l'avaient placée à la tête des nations, les rois légi-
times et très chrétiens, Louis IX, Louis XI, Henri IV, Louis
XIV, et celui qui a été après un désastre, suite d'une révolu-
tion impie, le véritable libérateur du territoire Louis : XVIII.

Mais, me dira-on, si ce n'est ni Henri V ni ses partisans
qui forcent aujourd'hui les Français à faire des processions,
ce sera autre chose quand ils auront atteint leur but. On ne
voudra plus prier, peut-être, mais on y sera obligé. Plus de
liberté de conscience ! L'Inquisition avec ses terreurs et ses
bûchers ! Toutes les tyrannies et tous les esclavages !

Comment ! quand la marche du siècle force l'empereur
d'Autriche à donner une constitution à ses sujets, l'empereur
de Russie à émanciper les serfs, le sultan et le shah de
Perse à mépriser ce qu'il y a d'absurde dans les préceptes
de l'Islam, le roi de France voudrait revenir aux abus de la
royauté, qui, dans son pays, ne sont plus qu'une légende !
L'objection n'est pas sérieuse.

La dîme n'accablait pas autant les populations que les
impôts que l'on paie aujourd'hui, et l'Inquisition a fait en
France moins de victimes que la Terreur ; n'importe, la dîme
et l'Inquisition étaient des abus, et on n'y reviendra jamais.

Les nations ne sont que des réunions d'hommes ; comme
les hommes, elles naissent, vivent et meurent d'après la

même et immuable loi ! L'histoire nous l'enseigne. Aurait-on pu discuter dans le conseil de Jéroboam la possibilité de revenir au patriarcat avec ses lois draconiennes de l'autorité paternelle ! ou, sous la tente de Théodose le Grand, le retour au culte de Jupiter ? Un Julien l'Apostat ne pourra jamais rien sur une société. Les abus consumés par le feu de la pensée ne renaissent jamais de leurs cendres !

Les prêtres, il est vrai, pourront avoir une certaine influence sur le Roy. Qu'est-ce que cela prouve ? Les boutiquiers et les bourgeois n'en avaient-ils pas sous Louis-Philippe, et les spéculateurs, sous Napoléon III ? A-t-on jamais forcé pour cela les nobles à vendre des épices, et les prêtres à faire des affaires de Bourse ? A-t-on pour cela méprisé les titres des uns, et obligé les autres à changer dans la liturgie le nom de Jéhovah contre celui du Veau-d'Or ? Cela avait-il changé quelque chose à la liberté de conscience ? Pourquoi supposer que les prêtres voudront faire aller tout le monde à confesse ?

Parce qu'ils l'ont fait une fois ? Sous qui ? Sous des rois faibles ou caducs ! et quand le pouvoir était absolu ! La liberté religieuse n'a-t-elle pas été illimitée sous Henri IV ? C'était un Bourbon cependant, celui-là ! et il vivait au seizième siècle, où cette liberté était une innovation !

La façon de vivre des puissants du jour influe sur l'existence des particuliers ! La mode vient d'en haut ! Quel mal y aurait-il si la mode était de prier Dieu ? Cela ne vaudrait-il pas mieux que d'aristocratiser le vice et l'ignominie ? Une restauration peut changer la manière de voir des classes dirigeantes, et exercer une influence réformatrice sur la vie publique. Franchement, serait-ce un mal ?

Je ne sais pas où j'ai lu dernièrement cette phrase : « L'aristocratie voudra nous assujettir, comme jadis les grands vassaux de la couronne ont assujetti les serfs ! Où trouvera-t-on en France une aristocratie qui est en état de dominer et des serfs qui se laisseront faire? En jetant les yeux autour de soi, on peut voir la richesse en face de la pauvreté! C'est un mal, mais il en sera toujours ainsi tant que le monde sera monde : sous Henri V, sous Napoléon IV, sous Gambetta ou sous Vermesch.

Ceux qui redoutent le retour de l'ancien ordre de choses ne sont pas les plus coupables; ils pèchent par ignorance; ils ne connaissent pas l'histoire, ce dictionnaire de la politique. Ils n'ont pas le temps, s'ils savent lire, d'y jeter un coup d'œil; mais ceux qui propagent ces absurdités, et qui profitent de leur savoir pour induire les autres en erreur, auront un compte terrible à rendre à la postérité,

Les uns sont des adversaires déloyaux, les autres ne sont que d'ignorants naïfs.

II. — LES PARTISANS DU CÉSARISME.

Au plus digne! disent-ils. Les dynasties sont devenues impossibles. — Ceux-là savent. — Quand un pays a essayé du césarisme, il veut toujours y revenir. Voyez Rome! voyez

la France! Napoléon III : César! Gambetta : César! Thiers :
César!

La marge me manque ici pour discuter cette opinion, qui
n'est pas la mienne. Je dis : Soit : au plus digne... Place alors
à Henri V.

Qui trouverez-vous de plus digne que lui? Serait-ce l'en-
fant qui est en Angleterre et qui n'a pas encore fait ses
preuves, ou le prince qui va de Paris à Turin, et qui a fait
les siennes? Ou bien serait-ce quelqu'un de ceux qui, depuis
deux ans, ont tenu entre leurs mains les destinées de la
France? Si vous découvrez un mérite plus grand que celui
de cet homme dont tous, même ses ennemis les plus achar-
nés, s'accordent à admirer le caractère immaculé, nom-
mez-le.

Si vous n'en trouvez pas, et vous n'en trouverez pas,
donnez-lui vos voix; nous l'appellerons *Roi*, vous l'appelez
César; nous l'acclamerons ensemble, et nous ajouterons à
nos cris le vôtre : Au plus digne!

Les partisans du césarisme se partagent en deux catégo-
ries : les bonapartistes, et ceux auxquels peu importe le nom
du César, pourvu qu'il y ait un César.

C'est à ces derniers que je m'adresse. Quant aux bonapartistes, ils ont leur légende, il ne m'appartient pas de la discuter, je me permettrai seulement de les prier de m'indiquer

leur César dans la famille des Bonapartes. Le césarisme ne dérive pas du droit, mais de la force. Où est la force ?

III. — LES RÉPUBLICAINS.

Il y a d'abord les républicains conservateurs ; ces républicains-là ne seront jamais des Brutus ! C'est comme si un pauvre diable refusait de devenir riche, en disant : Je suis conservateur, je ne veux pas échanger ma situation contre une plus brillante. Ceux-là disent encore : D'abord la France, puis la République.

Quelle est la situation actuelle du pays ? A quoi doit-il aspirer avant tout ? A reconquérir sa gloire et son influence perdues ? Or, comment peut-il le faire ? Par ses propres forces ?... Hélas ! Il lui faut des alliances !

Les puissances étrangères craignent, à l'heure qu'il est, bien plus les idées révolutionnaires que les armées de la France. La République peut avoir un allié douteux : l'Italie. La monarchie pourra avoir deux alliées sincères et fortes : la Russie et l'Autriche.

J'emploie à dessein le verbe « pouvoir » car, en politique, il n'y a que des probabilités, et il ne faut jamais compter avec les alliances. Mais la probabilité seule ne doit-elle pas suffire à ceux qui disent hautement : d'abord la France ?

Il y a ensuite les républicains convaincus et avancés, la

Gauche. Ceux-là crient : Tout pour la République ! Ne voient-ils pas qu'elle est perdue ? et cependant une république sous la présidence de l'illustre maréchal Mac-Mahon, devrait se consolider, si le pays était républicain.

La France est comme cet homme qu'on ne laisse pas monter à cheval, car il est mauvais cavalier. Dès qu'il est parvenu à enfourcher un coursier, il est aussitôt à terre. — Dès que la France est en république, elle fait tout son possible pour ne plus y être. Nous sommes dans cette phase. Pour pouvoir songer à inspirer aux Français quelque sympathie pour l'établissement d'une cinquième république, il faut absolument fonder une monarchie à laquelle on puisse faire de l'opposition. Messieurs les républicains de la Gauche, votez pour la monarchie ; vous la démolirez ensuite si vous pouvez. J'espère que le gouvernement sage et éclairé de Henri V et de ses successeurs rendra ces tentatives inutiles ; mais vous aurez alors plus de partisans que vous n'en avez aujourd'hui, et vous pourrez devenir redoutables, car vous pourrez provoquer un mouvement ! Aujourd'hui, le pays est las, et il acceptera tout ce qui lui sera proposé ou plutôt tout fait accompli.

Ensuite, quoi qu'on en dise, messieurs les républicains, vous êtes Français, et vous êtes de bons Français ! Quelles sont les conséquences de cette république faite sous les yeux de l'ennemi ? Depuis qu'elle est proclamée, elle a eu, en province et à Paris, plus de régimes qu'elle n'a d'années. Le régime du 4 septembre, le Gouvernement de la Défense de Paris, la dictature Gambetta, la Commune, le gouvernement de M. Thiers, celui du maréchal Mac-Mahon. Dans ces conditions, un pays peut-il prospérer et songer à s'organiser ? Non, et je répéterai ici ces vers d'un grand poëte dont votre parti s'honore et que l'humanité admire jusque dans ses erreurs :

> Tant que je n'aurais pas, rugissant de colère,
> Lavé dans un immense Austerlitz populaire
> Sedan, Forbach, nos deuils, mes drapeaux frémissants,
> Je ne montrerais point notre armée aux passants.

Quel est le fauteur des plaies de la France ? M. Victor Hugo ne l'avouera jamais ; mais c'est la République ou les gouvernements qui en ont été la suite. Depuis 1789, messieurs les républicains, messieurs les impérialistes, vous avez fait de beaux rêves ! quel a été le réveil ? Vous avez eu Jemmapes, Marengo, Austerlitz, Iéna, Malakoff et Solferino ! Vous vous êtes réveillés avec les frontières du Rhin en moins, puis sans l'Alsace et sans la Lorraine !... Un jour l'histoire pourra dire ceci :

Les rois ont fait la France de la Bretagne, de la Normandie, de la Provence, de la Bourgogne, de l'Alsace, de la Flandre, de la Guienne, du Languedoc et de la Franche-Comté, qu'ils ont réunis à leur modeste apanage ; la République, au nom de la liberté, après sept siècles, a délivré ces provinces, qui pleurent d'être délivrées. Vous avez prononcé le mot de décentralisation ! prenez garde de prononcer le mot « fédération. »

Il y a ensuite les républicains rouges. A ceux-là je parlerai leur langage. Ceux-là ne connaissent qu'un principe... le principe du « *moi* ! » Faites-moi place !... Je sais bien qu'ils peuvent dire que leurs adversaires répondent : Arrière ! c'est ma place ! et que tout ici-bas est basé sur le « *moi*. » Soit ! Mais enfin ils habitent la France, et quoiqu'ils prétendent que la patrie n'est qu'un vain mot, et qu'ils sont citoyens du monde, ils ne peuvent émigrer en masse, et ils sont forcés de vivre là où ils sont nés. — Ils ne peuvent pas non plus avoir une peau universelle, il faut qu'ils conservent la leur, et il est de leur intérêt que cette peau soit en bon état.

Or, supposons que celui que nous appelons Dieu, et eux la loi qui régit le monde, consente à leur faire la proposition suivante :

« Qu'aimez-vous mieux, que le pays habité par vous ait trente ans de félicité et qu'il disparaisse ensuite de la carte du monde, ou bien que pendant trente ans ce même pays éprouve toutes sortes de calamités, pour redevenir après plus heureux que jamais ? »

Citoyens du monde, qu'y répondrez-vous ? Allez prêcher vos maximes ailleurs et laissez jouir la France d'une paix dont elle a besoin. Vous réussirez peut-être autre part, et vous aurez sauvegardé votre religion et suivi la grande maxime de l'égoïsme.

« Que la maison du voisin brûle, puisque l'incendie servira à purifier l'air que je respire. »

Après les républicains, il y a celui qu'ils représentent, et au nom duquel ils ont commis tant de fautes, de crimes, parfois tant de grandes actions, le peuple ! Je m'adresse au peuple, et, parlant à la foule, j'aurai des paroles conciliantes.

La haine contre l'aristocratie est-elle raisonnable en 1873 ? Où sont ses priviléges ? abolis ! — Où est la fortune des grands seigneurs ? entre les mains des banquiers et des industriels ! — Où sont les fiefs de l'Eglise et des monastères ? ils appartiennent au domaine de l'Etat !

L'édifice a croulé et on ne peut plus le reconstruire. Pourquoi haïr ce qui ne domine plus, et pourquoi confondre dans la même haine ce qu'on a déjà vaincu avec ce que l'on veùt vaincre encore ?

Les nobles ne sont plus seigneurs ; le peuple n'est plus esclave.

Il est, il sera impossible à ceux qui vivent dans l'atmosphère qui entoure le trône de Henri V de fraterniser avec les sectaires du pillage, du vol et de l'impiété ; un gentilhomme ne doit pas tendre une main qu'il croit être obligé de lever ensuite. Mais entre les prophètes de cette hideuse religion et le peuple, il y a un abîme.

Le peuple, c'est la réunion de tous les Français, sans distinction de titre, de fortune, d'opinion. C'est la nation française. La nation peut vivre heureuse et libre, non sous la loi, mais sous l'égide de Henri V. Aucune main n'osera porter atteinte à l'égalité devant la loi, car ce serait une main sacrilége.

D'ailleurs, le peuple n'est pas républicain, et il me süffira d'un exemple pour le prouver :

Le cri de « Vive la République ! » est un cri séditieux à l'heure où nous écrivons. Or, nous sommes en république.

Nulle loi, nulle force ne peut empêcher une manifestation générale faite en faveur de l'ordre de choses existant.

Si donc ce cri est séditieux, c'est que les gouvernants le trouvent tel, et que les gouvernés ne sont pas éloignés d'être de la même opinion.

IV. — Ceux qui prétendent être monarchistes et qui ne veulent pas de Henri V. — Question de drapeau et de politique extérieure.

Nous ne comprenons pas ceux-là. Se dire monarchiste et nier le seul principe sur lequel une monarchie puisse s'appuyer : le droit ! Si la place du chef de l'Etat est occupée par un Roi, elle ne peut l'être que par le souverain légitime. C'est l'axiome du monarchisme ; sans cet axiome on devient césariste, républicain, autoritaire, mais on n'est pas monarchiste.

On peut être monarchiste absolu, parlementaire, constitutionnel. Je l'admets. Mais Henri V a le droit d'être appelé Majesté en France. Ce droit est indiscutable; il lui appartient comme le nom et le titre d'un père appartiennent au fils. Un monarchiste ne peut pas, ne doit pas comprendre une autre souveraineté que la légitime.

Ces messieurs, d'ailleurs, ne savent pas trop ce qu'ils veulent, et balbutient lorsqu'on insiste. Ils ne peuvent se prétendre orléanistes, car depuis la loyale démarche de S. A. R. le comte de Paris auprès du Roy, il n'y a plus de d'Orléans; il n'y a que des Bourbons, des fils de France !

Que veulent-ils alors ? Je sais bien que, se drapant dans le manteau du patriotisme, ils disent qu'ils aiment la France au-dessus de tout et qu'ils craignent que le retour de Henri V ne soit le signal d'une guerre avec l'Italie. Pourquoi craignent-ils cela ? Ils s'appuient, prétendent-ils, sur l'histoire passée des Bourbons.

J'ouvre une histoire de France, et je regarde. J'ai beau feuilleter, examiner, je ne vois que deux régimes qui aient fait la guerre en faveur du Pape : la République de 1849 et Napoléon III. Par contre, en remontant dans l'histoire, je vois des rois de France qui n'étaient pas d'accord avec le Saint-Siége, d'autres qui lui ont fait la guerre. La liste en serait trop longue pour avoir une place dans ce travail. Je cite au hasard : Philippe-le-Bel, Charles VIII, Louis XII, Henri IV, Louis XIV.

Ce n'est donc pas pour suivre l'exemple de ses ancêtres

que Henri V ferait la guerre au roi d'Italie, c'est pour suivre ses propres inspirations, car il est pieux ! Quel est le souverain qui fait parade d'impiété ? Victor-Emmanuel ne va-t-il pas à la messe ? Napoléon Ier n'a-t-il pas rétabli la religion en France ?

La piété même du Roi s'opposerait à cette guerre. Vous qui discutez, sachez que la piété d'un roi est différente de celle d'un particulier. Son premier devoir envers Dieu est de rendre heureux les peuples qui lui ont été confiés. Je ne sais quel Père de l'Église, saint Pierre Damien, je crois, a dit à un prêtre qui mettait trop de temps à officier et qui fatiguait par là la dévotion des fidèles : Vous ne devez pas vous régler sur votre piété, mais sur celles de vos ouailles. Votre amour pour Dieu vous donne la possibilité de prier toute la journée; mais savez-vous si vous ne refroidissez pas le zèle de ceux qui vous écoutent ?

La situation d'un roi est identiquement la même. Il peut désirer de toute son âme le rétablissement du Saint-Père dans ses droits; mais avant le Saint-Père, avant ses propres sympathies, il doit songer qu'il aura à rendre compte à Dieu de son gouvernement. Or, la France peut-elle faire, à elle seule, la guerre aujourd'hui ? Le Saint-Père lui-même, pour qui une restauration en France sera une consolation à ses douleurs, exigera-t-il jamais une démarche aussi dangereuse et aussi inutile ? Non, ni Henri V, ni Pie IX ne songent à cela ; seuls, les ennemis de la légitimité font miroiter devant les ignorants cet épouvantail grotesque.

Henri V n'est pas l'ami de Victor-Emmanuel. Le roi d'Italie compte-t-il aujourd'hui beaucoup d'amis en France ? Est-ce la faute des Français ? Peut-on reprocher à Henri V de ne pas aimer l'allié de Guillaume et le protégé de Bismark ?

Je vais maintenant effleurer une question délicate, la question du drapeau. Napoléon Ier a porté la cocarde blanche à Brienne et Louis XVI la cocarde tricolore aux Tuileries ! Henri V, dites-vous, tient au drapeau blanc. Le gentilhomme ne tient-il pas à ses armes ; le commerçant à sa raison sociale ? Peut-on faire une exception au préjudice d'un roi parce qu'il respecte l'emblème qui a illustré ses ancêtres et rendu glorieuse la France ?

La lettre que Henri V a fait l'honneur d'adresser à M. de Rodez-Bénavent aurait dû clore la bouche à tout le monde. La question du drapeau est devenue insignifiante en face de ce programme large et libéral.

Il ne m'appartient pas, et je n'oserai jamais sonder les intentions de Sa Majesté... Je ne sais pas si Henri V, se souvenant de son aïeul martyr qui a accepté le drapeau tricolore, daignera faire le même sacrifice au pays qui l'espère, ou si le pays sera assez sage pour comprendre qu'on a vaincu et qu'on a été vaincu sous tous les drapeaux... L'avenir nous l'apprendra, mais je ne crois pas que ce soit aux monarchistes de soulever cette question.

Je me résume : Tous les partis doivent s'unir pour faire

cesser l'état provisoire qui ne peut durer plus longtemps sans précipiter la France dans un abime.

L'heure est auguste ; le pays attend.

Qu'attend-il ?

La parole est à la France, a dit mon ami le prince de Valori dans son éloquente brochure.

La parole est à Henri V, a répondu Monsieur de Pène, dans un remarquable article du *Paris-Journal*.

Non ! la parole n'est pas à la France ; elle s'est choisi une Assemblée chargée de la représenter ! la parole n'est plus à Henri V. — Il a parlé.

La parole est à la Chambre.

V

Je finis en m'adressant à ceux qui disent que je ne dois pas me permettre d'avoir une opinion sur les affaires de la France, car je n'ai le droit d'être d'aucun parti.

Je n'ai pas le droit d'être d'aucun parti, cela dépend de quelle façon on le comprend. Si être d'un parti signifie s'enrôler dans ses rangs, et, la menace à la bouche, l'épée à la main, combattre les Français d'un parti opposé, oui, c'est vrai ! ils ont raison ! Je n'ai pas ce droit-là. Mais dans un moment où tout le monde exprime hautement, sa pensée, je puis exprimer la mienne ! Nulle règle d'honneur et d'hospitalité ne s'y oppose. Un Français ne pourrait alors pas émettre son opinion sur les affaires de la Pologne, de la Turquie ou de l'Italie.

Dans ce travail, je n'ai pas fait autre chose ; j'ai dit mon opinion, que d'ailleurs j'ai toujours et partout proclamée hautement. J'ai trouvé beaucoup de contradicteurs. Je leur ai répondu par écrit, car ma parole est rarement écoutée, et d'ailleurs je ne peux pas, chaque fois que je rencontre quelqu'un, prononcer un discours, qui, avec l'accent et la voix qu'on me connaît, serait probablement peu apprécié.

J'habite depuis quinze années la France, et j'ai conquis une place, bien modeste, il est vrai, dans la littérature.

Il est tout simple que je veuille me trouver bien là où j'habite. En mon âme et conscience, je crois que le salut de la France est dans la restauration de la monarchie légitime. Pourquoi ne pourrais-je pas le dire, et pourquoi, puisqu'on ne me conteste pas le droit d'écrire des romans en français, me contesterait-on celui de chercher le dénouement du roman de la France ?

2420. 10.73. — Boulogne (Seine). — Imp. JULES BOYER et Cie